Esther von Krosigk
Wendelin Gabrysch

Heiliger Papst
Johannes Paul II.

Esther von Krosigk
Wendelin Gabrysch

Heiliger Papst
Johannes Paul II.

Sein Leben, seine Wunder,
seine Heiligsprechung

Impressum

Bibliografische Information der Deutschen Nationalbibliothek: Die Deutsche Nationalbibliothek verzeichnet diese Publikation in der Deutschen Nationalbibliografie; detaillierte bibliografische Daten sind im Internet über http://dnb.dnb.de abrufbar.

Coverfoto mit freundlicher Genehmigung des L'Osservatore Romano, Vatikan.

Der Fromm Verlag ist ein Imprint der OmniScriptum GmbH & Co. KG, Heinrich-Böcking-Str. 6-8, 66121 Saarbrücken

www.frommverlag.de

Herstellung und Verlag:
BoD - Books on Demand, Norderstedt

ISBN
9783732285761

Kindheit und Jugend

Er kam am 18. Mai 1920 als Karol Józef Wojtyla in der galizischen Kleinstadt Wadowice (Südpolen) als zweiter Sohn von Karol Wojtyla und Emilia Wojtylowa zur Welt. Mit seinem Bruder Edmund, der 14 Jahre älter war, wuchs Karol in einer tiefreligiösen Atmosphäre auf. Gleich neben dem Eingang des kleinen Hauses auf der Rynek-Straße stand eine Weihwasserschale und ein paar Schritte weiter fand sich eine Kniebank für das tägliche Gebet.
Es war ein sehr offenes und tolerantes Haus. Die Wojtylas waren befreundet mit zahlreichen jüdischen Familien in Wadowice und Karol brachte öfter jüdische Schulkameraden zum Spielen mit nach Hause.

◊

Heute ist das Elternhaus ein Museum – in welchem ganz alltägliche Gegenstände ausgestellt sind: unter anderem eine zerbeulte Suppenschüssel, ein Nachttischlämpchen, Holzstifte, mit denen Karol Wojtyla einst malte, eine alte Skiausrüstung des Papstes. Aber fast 2000 Menschen kommen täglich, um diese Dinge zu sehen. Und sie bleiben staunend davor stehen, als seien es Heiligtümer.

◊

Wie jeder andere Junge auch mochte Karol Wojtyla gerne Streiche spielen. Sein Kinderfreund Jerzy Kluger erzählte einmal, wie sie beide einem schlafenden Schutzmann den Säbel entwenden wollten. Die Buben meinten, er sei aus Holz und jeder versuchte von einer anderen Seite die Waffe dem leise schnarchenden Wachmann zu entziehen. Bei dieser Unternehmung fielen die Jungs gleichzeitig zu Boden und der Polizist erwachte. Er packte sie am Schlafittchen und geleitete sie nach Hause zu Jerzys Vater – der aber gar nicht böse war, sondern im Gegenteil versuchte den Gendarmen zu besänftigen.

◊

Sehr früh verstarben Karols Mutter Emilia und Bruder Edmund. An diesen Verlusten hat der junge Karol Wojtyla schwer gelitten. Als Folge fühlte er sich noch mehr dem Vater verbunden. Insbesondere dessen tiefe Religiosität faszinierte den Heranwachsenden. In seinem Buch «Meine Berufung» spricht er in liebevoller Weise über «die väterliche Frömmigkeit», die größten Einfluss auf ihn hatte. Das Leben mit seinem Vater schildert er als ein „immerwährendes Gebet".

◊

Der verstorbenen Mutter widmete er eines seiner ersten Gedichte. Eine Zeile lautet: „Auf deinem weißen Grab blühen die weißen Blumen des Lebens. Oh, wie viele Jahre sind schon entschwunden ohne dich – wie viele Jahre?" Zeit seines Lebens, so berichten Freunde, trug der Papst ein Bild bei sich, das ihn als Baby im Arm seiner lieblichen Mutter zeigt. Ihren Tod interpretierte schon der Junge als göttliche Fügung – die Marienverehrung wurde ihm daher zentraler Bestandteil seines Glaubens.

◊

Der Vater, der im Ersten Weltkrieg in der österreichisch-ungarischen Armee gekämpft hatte, brachte seinem Sohn neben dem Beten auch die deutsche Sprache bei. Jahre später versetzte Karol Wojtyla seine Mitschüler auf dem Gymnasium in Erstaunen, als er die Hauptwerke von Marx und Kant las – im Original.

◊

Was der Junge außerdem vom Vater lernte: In allen Situationen diszipliniert zu sein und sich zusammmen zu reißen, sich nicht wichtig zu nehmen und immer Stärke zu zeigen.

◊

Für Karol wollte der Vater die beste Ausbildung. Er wählte das staatliche und humanistische Marcin-

Wadowita-Gymnasium, das einen guten Ruf genoss, aber auch nicht zu viel Schulgeld kostete – schließlich verfügte Vater Wojtyla als Beamter über kein großes Einkommen. Strenggläubig wie er war, hegte er sicherlich den Wunsch, der Sohn möge Priester werden – doch wollte er ihn keinesfalls in diese Richtung drängen. Eine ganz „normale" Schule schien also am besten dafür geeignet, dass der junge Karol in seinen Entscheidungen frei und unbeeinflusst blieb. Tatsächlich führte der spätere Papst auch ein Leben wie viele seiner gleichaltrigen Kameraden – im Sommer schwamm er im Fluss Skawa, im Winter spielte er Eishockey. Als Teenager besuchte er einen Tanzkurs im Ort und nach dem Unterricht imitierte er die Lehrer. Das einzige, was er damals schon vermied, waren Krawalle und Ausschweifungen jeglicher Art.

◊

Während der Schulzeit entdeckte Karol Wojtyla seine Liebe zum Theaterspiel. Der Junge war nicht nur rhetorisch sehr begabt, sondern verstand auch durch Mimik und Gestik zu überzeugen. Außerdem besaß er ein phänomenales Gedächtnis – nach ein- bis zweimaligem Durchlesen konnte er eine Seite Text fehlerlos rezitieren. Ab dem Jahre 1935 wirkte er im Schultheater mit: in Stücken wie „Antigone" von Sophokles, in „Balladyna" von Slowacki, in „Mädchenschwüre" von Fredo und vielen anderen. Daneben spielte er auch noch im Laientheater der Pfarrgemeinde mit. Das Publikum zeigte sich sehr angetan von seiner Darstellungskunst.

◊

Sein Abitur am 14. Mai 1938 bestand er mit der Note „ausgezeichnet". Karol Wojtyla hatte das beste Zeugnis seiner Jahrgangsstufe, in allen Fächern glänzte er. Ein Schulfreund erinnert sich: „Alles gelang ihm viel besser als den anderen, sogar im Sport…"

◊

Keine Frage – Karol Wojtyla war nicht nur ein hervorragender Schüler, sondern bereits in jenen Jahren eine geschätzte und beliebte Persönlichkeit. Er war es denn auch, den die Schulleitung auserwählte, zum Besuch des Erzbischofs von Krakau, Kardinal Adam Sapieha, eine Begrüßungsrede zu halten. Die Abiturfeier war der Anlass, dass seine Eminenz der Schule einen Besuch abstattete. Nachdem Karol Wojtyla eine beachtliche Rede gehalten hatte, zeigte sich der Kardinal so angetan, dass er sich mehrfach erkundigte, ob der junge Mann nicht Priester werden wolle. Die Antwort eines Lehrers war, dass Wojtyla im Moment wohl nicht daran denke – vielmehr anderes im Kopf habe, insbesondere das Theaterspiel. Was der Kardinal sehr bedauerte. „Schade" soll er wiederholt geflüstert haben.

Kurz nach Karols Abitur und den ersten Vorlesungen in polnischer Literatur an der Krakauer Jagellonen-Universität starb im Jahr 1941 sein Vater. Nun war Karol Wojtyla vollkommen auf sich gestellt in dem Bewusstsein, im Alter von nur zwanzig Jahren schon alle jene verloren zu haben, die er liebte.

◊

Anfangs hatte er Philosophie studiert und war erst mit 26 Jahren Priester geworden. Eine seiner Jugendfreundinnen erwähnt noch gerne, dass er vor seiner Priesterweihe „ein richtiger Mann" gewesen sei. Glaubt man ihr und auch den Aussagen anderer aus seinem früheren, weltlichen Leben, ist Johannes Paul II. nicht unerkannt gestorben. Für solche Gerüchte, die den Heiligen Vater allzu menschlich beschreiben, verehren ihn die Römer besonders.

◊

Eine Freundin, von der immer wieder behauptet wurde, sie habe dem Papst „sehr nahe gestanden", war Halina Kwiatkowska. Tatsächlich waren sie und der spätere Papst ein Liebespaar – auf der Bühne. Vielleicht erhoffte sich Halinka im wirklichen Leben mehr, denn sie sagte einmal: „Er war so faszinierend anders als seine Kameraden. Seine Blicke versprühten Blitze." Nach eigener

Aussage verband sie mit Karol Wojtyla aber nie mehr als eine Freundschaft – die dann über siebzig Jahre lang hielt. Gerüchte, die anderes besagten, schmetterte sie mit den Worten ab: „Er hat mir nicht einmal seine Waden gezeigt."

Unter dem Pseudonym Andrzej Jawien schrieb der spätere Papst Gedichte und Theaterstücke - sein berühmtestes heißt
„Der Laden des Goldschmieds".
Es erschien in den 1960er Jahren, wurde als Hörspiel vertont und 1988 u.a. mit Burt Lancaster verfilmt. In dem Stück geht es um die Liebe – in all ihren Facetten. Es handelt also von Leidenschaft, Eifersucht, Hingabe, Sehnsucht, Begierde, aber auch von Freundschaft und Nächstenliebe.
Autor Karol Wojtyla über die Liebe: „Sie ist eine ständige Herausforderung, die uns Gott zumutet, damit wir unsererseits das Schicksal herausfordern." (aus: „Der Laden des Goldschmieds")

Priester und Professor

Während des Krieges arbeitete der spätere Papst in der kriegswichtigen Chemiefabrik Solvay, um der Verschleppung nach Deutschland zu entgehen. Seine Arbeitskluft bestand aus einem blauen Baumwollanzug und ein Paar Holzschuhen, in denen er tagtäglich sieben Kilometer zur Fabrik schlurfte.

Im Jahre 1942 trat Karol Wojtyla in das Krakauer Priesterseminar ein. Das musste heimlich geschehen, denn die Geistlichen waren den Schikanen der Nazis ausgesetzt. Überdies engagierte sich Wojtyla im „Rhapsodischen Theater", wo er nachts polnische Nationalgedichte vortrug. Auch dies war gefährlich, denn es war ein religiös angehauchtes Widerstandstheater – der Seminarist lief Gefahr nach Auschwitz zu kommen.

Die Gestapo bekam allmählich Wind von der Existenz solch konspirativer Gruppen und machte im August 1944 eine Groß-Razzia in Krakau. Tausende von Menschen wurden festgenommen. Wie durch ein Wunder entging Wojtyla den Nachstellungen der Geheimpolizei, indem er sich im letzten Winkel einer Kellerwohnung verkroch – und betete.

◊

Es war kurz nach Kriegsende, auf einer Bahnstation nahe dem KZ Auschwitz. Die 14jährige Jüdin Edith Zierer war nach zwei Jahren Zwangsarbeit dem Lagerleben entkommen und hockte zu Tode erschöpft in einer Ecke der Bahnhofshalle. Sie konnte keinen Fuß mehr vor den anderen setzen und wie sie da so saß war sie sicher, dass sie sterben müsse. Von ihrer gesamten Familie hatte sie alleine den Holocaust überlebt und sie besaß nur noch das, was sie am Leibe trug. Da kam ein junger Mann auf sie zu und reichte ihr eine Tasse heißen Tee. Als er merkte, wie ausgehungert das Mädchen war, ging er noch einmal fort und kehrte mit belegten Broten zurück. Fragte sie dann, ob sie auch nach Krakau wolle? Und bot an sie zu begleiten, denn er wolle ebenfalls dorthin. Besorgt schaute er Edith an, deren körperliche Verfassung ein Weitergehen unmöglich machte. Sobald sie versuchte aufzustehen, knickten ihre Beine ein. Kurzerhand nahm er das Mädchen auf den Rücken und trug sie über mehrere Kilometer an ihr Ziel. Auf ihrem Weg nannte er seinen Namen, Karol Wojtyla, und sagte, dass er Priester sei. In Krakau setzte er sie an einem sicheren Ort ab und verschwand, aber Edith, die schließlich nach Israel auswanderte, vergaß ihren Retter nie.

Erst durch Karol Wojtylas Wahl zum Papst erfuhr sie, was aus dem jungen Priester geworden war. Sofort schickte sie ihm einen langen Brief und bat um einen Audienz. Die sie auch bald bekam, denn Johannes Paul II. erinnerte sich ebenfalls an diese Begegnung. Edith Zierer traf den Papst noch ein zweites Mal: Im Jahre 2000, als er der Holocaust-Gedenkstätte Yad-Vashem einen Besuch

20

abstattete, gehörte sie zu sechs auserwählten Personen, denen der Papst eine Weile Gehör schenkte. Doch vor lauter Tränen der Rührung konnte Edith Zierer kaum sprechen.

◊

Am 1. November 1946 empfing Karol Wojtyla heimlich in der Privatkapelle von Erzbischof Sapieha die Priesterweihe. Die Feier hatte einen halb privaten Charakter, da Karol – und auch das war ein Privileg – als einziger an diesem Tag geweiht wurde. Nur wenige Gäste waren anwesend: zwei Tanten von Seiten seiner Mutter, ein paar Freunde, die anderen Seminaristen. Über dieses besondere Ereignis hat der Papst einmal sehr ergriffen gesprochen: „Ich fuhr früh am Morgen zum Bischofssitz und wurde von einer kleinen Gruppe Verwandter und Freunde begleitet. Mit innerer Bewegung lag ich auf dem Fußboden der Privatkapelle; ich hörte den Gesang des "Veni Creator" und die Allerheiligenlitanei; ich wartete auf die Handauflegung; ich erhielt die Aufforderung, das Evangelium zu verkünden, das Volk Gottes zu leiten, die göttlichen Mysterien zu feiern…".
Noch etwas zeichnete diesen Akt aus: Karol Wojtyla weihte sich durch seinen Eintritt in das Priestertum nicht nur Christus, sondern – im Geist von Grignon de Montfort – auch seiner Mutter.

Als neu geweihter Priester nahm er einen der Stalin-Zeit entsprechenden „Kampfnamen" an: Er ließ sich „Wujek" (Onkel) rufen. Noch lange nach Ende des kalten Krieges riefen ihn seine ehemaligen Kameraden so.

◊

Seine erste Messe hielt er in der Leonard-Krypta in der Krakauer Kathedrale im Schloss auf dem Wawel. Wenige Wochen darauf fuhr Karol Wojtyla nach Rom und setzte dort sein Studium an der von den Dominikanern geführten päpstlichen Universität Angelicum fort. In den Sommerferien nach dem ersten Studienjahr arbeitete er als Seelsorger unter polnischen Arbeitern in Frankreich, Holland und Belgien.

◊

Im Jahre 1947 begann er auf Anraten von Bischof Sapieha seine Promotion: „Glaubensfragen des Hl. Johannes vom Kreuz". Der Doktortitel wurde ihm erst formal nicht zuerkannt, da Karol Wojtyla aus Geldmangel die Arbeit nicht publizieren konnte - in Rom aber eine Voraussetzung zur Erlangung der Doktorwürde. Erst drei Jahre später erhielt er in Krakau den Doktortitel in Theologie.

◊

Zurück in Polen war er als Kaplan in einer
Landpfarrei und dann in der Krakauer
Studentenkirche Sankt Florian tätig, wo er schon
bald für seine Predigten bekannt war. Man
schätzte seine unkonventionelle Art. Bald gründete
Karol Wojtyla an St. Florian einen gregorianischen
Chor, mit dem er die Messe
„De Angelis" probte. Er sang auch selbst mit. Er
war mit seinen Studenten nicht nur über die Musik
verbunden, sondern gemeinsam war ihnen auch
die Liebe zu den Bergen und zum Bergwandern.
Sie machten Ausflüge nach Gorze, zu den
Ostbeskiden und den Beskiden. Und sie
organisierten Wanderfahrten mit dem Kanu in den
Masuren und nächtigten in Zelten.

◊

Anfang der 50er Jahre lehrte Wojtyla als Professor
für Moraltheologie in Krakau, ein Jahr später
bekam er einen Lehrauftrag für Philosophie und
Sozialethik an der Katholischen Universität von
Lublin.

◊

Der verstorbene Wiener Kardinal Franz König
begegnete Karol Wojtyla zum ersten Mal Ende der
50er Jahre. Es war auf einer Reise nach Polen
und der gerade zum Kardinal gekürte König wurde

von einer Gruppe Geistlicher an der tschechisch-polnischen Grenze empfangen. Franz König fiel ein junger Priester auf, der sich etwas abseits hielt und neugierig erkundigte er sich, warum dieser nicht näher käme. Er sei sehr schüchtern, war die Antwort. Um wen es sich denn handele, forschte König weiter. Da winkte man den jungen Mann heran, der sich als Karol Wojtyla vorstellte – er sei Studentenseelsorger, fügte er gleich an. Dann bat er den Kardinal noch, ihn nicht auf Deutsch anzusprechen, denn er habe keine Übung und fürchte Fehler beim Sprechen zu machen

Bischof und Kardinal

Als Karol Wojtyla im Sommer 1958 erfuhr, dass er zum Weihbischof von Krakau befördert werden sollte, war seine erste Reaktion zu sagen, dass er mit 38 Jahren zu jung für diese große Aufgabe sei. Kardinal Stefan Wyszynski meinte dazu nur trocken, dies sei ein Manko, das Wojtyla bald überwunden haben werde.

◊

Knapp sechs Jahre später, am 13. Januar 1964, wurde Karol Wojtyla der Nachfolger von Kardinal Sapieha im Amt des Erzbischofs von Krakau. Der neue Bischof machte aus seiner antikommunistischen Einstellung keinen Hehl – immer wieder forderte er in seinen Predigten die freie Religionsausübung für alle Polen und er beharrte auf dem Bau einer Kirche in der neu gegründeten Arbeiterstadt Nowa Huta. Ein Jahr später beteiligte er sich an einem Schreiben des polnischen Episkopats an die deutschen Amtsbrüder, in welchem zur Versöhnung beider Völker aufgerufen wurde. Auch das missfiel dem kommunistischen Regime.

◊

Zu seiner Berufung als Bischof äußerte er sich einmal so: „Das Bischofsamt ist zweifelsohne ein Amt, aber der Bischof muss mit aller Kraft dagegen kämpfen, zu einem 'Beamten' zu werden. Er darf nie vergessen, Vater zu sein!"

◊

In einem Interview mit der Zeitung „Die Welt" erinnerte sich „Loleks" Kinderfreund Jerzy Kluger, wie er erst lange nach dem Krieg erfuhr, dass Karol Wojtyla inzwischen Erzbischof von Krakau geworden war: Ein Bekannter erwähnte, dass der Erzbischof von Krakau eine wunderbare Rede in Rom gehalten habe. Jerzy Kluger antwortete, dass Bischof Sapieha immer wunderbar zu reden wisse. Es sei aber nicht der Bischof Sapieha, so der Bekannte, sondern ein Mann namens Wojtyla, der für seine Ansprache viel Beifall bekommen habe. Jerzy Kluger ergriff daraufhin sofort die Initiative und telefonierte in Rom herum, um seinen alten Freund an die Strippe zu bekommen. Endlich machte er das Kloster ausfindig, in welchem die polnischen Würdenträger übernachteten, und hinterließ eine Nachricht. Erzbischof Wojtyla rief auch prompt zurück und freute sich ebenso wie er, dass sie wieder Kontakt miteinander hatten.

◊

Noch als Bischof von Krakau liebte der spätere Papst das einfache, naturverbundene Leben – er machte weiterhin gerne Camping-Urlaub an den Masurischen Seen. Morgens rasierte er sich mit

dem klaren Wasser des Sees, danach gab es ein
deftiges Frühstück mit Wurst-Stullen
und dünnem Tee.

◊

Zwischen 1962 und 1964 nahm Karol Wojtyla an
drei Sitzungen des Zweiten Vatikanischen Konzils
teil. Zu Papst Paul VI. pflegte er einen immer
engeren Kontakt. Gemeinsam arbeiteten sie an
der Enzyklika „Humanae vitae" (1968), welche die
künstliche Empfängnisverhütung verbot und in der
Kirche einen Aufstand auslöste.

◊

Es war der in Italien hoch verehrte Pater Pio, der
Karol Wojtyla Anfang der 1960er Jahre auf den
Kopf zusagte, er werde einst Papst werden.
Wojtyla zeigte sich darüber erschrocken.

◊

In späteren Jahren wurde Karol Wojtyla häufig als
„Medienpapst" bezeichnet, der sich in Szene zu
setzen verstand, der die Massen zu begeistern
vermochte und öffentlich vehement seine
Überzeugungen vertrat.
Doch er war daneben auch ein Mann der leisen
Töne, nur dem Glauben verbunden. Das zeigt
folgende Anekdote: Im September 1978, drei

Wochen vor seiner Wahl zum Papst, befand sich Kardinal Wojtyla auf Einladung der Deutschen Bischofskonferenz in Deutschland. Er machte bei dieser Gelegenheit spontan einen Abstecher nach Köln, in das Dominikaner-Kloster St. Andreas. Am Grab des Heiligen Albert, der in der dortigen Kirche begraben liegt, wollte er beten. Er tat dies so innig, dass er über Stunden verschwunden war – selbst eine Gruppe Mönche, die ebenfalls in der Krypta sangen und beteten, bemerkte nicht, dass mitten unter ihnen der polnische Priester in schwarzer Soutane kniete. Draußen aber, vor der Kirche, herrschte helle Aufregung: Der Kardinal aus Krakau war weg! Niemand kam auf die Idee, dass Karol Wojtyla während der Gebetsstunde der Dominikaner-Mönche still am Grabmal von St. Albert verblieben war. Als man bereits begann den Vermissten zu suchen, erschien der Kardinal seelenruhig am Eingang der Kirche. Er hatte alles Weltliche um sich herum vergessen.

◊

Beinahe hätte er seine eigene Wahl zum Papst verpasst... Am 14. Oktober 1978 wollte Kardinal Wojtyla nämlich noch unbedingt in der Gemelli-Klinik vorbei, um seinen Freund Bischof Deskur zu besuchen, der kurz zuvor einen Schlaganfall erlitten hatte. Der Besuch zog sich hin, in der Sixtinischen Kapelle waren alle anderen 110 Kardinäle schon versammelt, die Türen wurden

bereits verschlossen... Als letzter und mit
wehenden Rockschößen erreichte Wojtyla das
Konklave – um als Nummer Eins daraus
hervor zu gehen.

Am 16. Oktober 1978 erschien nach dem
„Habemus Papam" von Kardinal Pericle Felicie der
neue Papst zum ersten Mal am Fenster vom
Petersdom. Es dämmerte schon und der 58jährige
Pole, damals noch von kräftiger Statur, stand
einen kurzen Moment ganz still da. Dann sagte er
vorsichtig, dass er aus einem „fernen, so fernen
Land" stamme... Und fügte an: „Ich weiß nicht, ob
ich mich richtig ausdrücke in eurer – in unserer
Sprache: Wenn ich Fehler mache, müsst ihr mich
verbessern." Mit diesen ersten Sätzen gewann er
sogleich die Herzen der Italiener.

◊

Der Sportler

Johannes Paul II. war ein großer Sportler. Besonders liebte er das Bergsteigen und Skifahren in der Hohen Tatra und in den Alpen. Daneben spielte er Tennis, schwamm und „kickte". Der Fußballsport war ihm sogar so sehr ans Herz gewachsen, dass er ihn als den „Anwalt des Friedens" pries – über diese Äußerung war die Fußballwelt ganz aus dem Häuschen. Prompt wurde der Heilige Vater zum Ehrenmitglied bei Schalke 04 und Real Madrid ernannt.

◊

Der Pontifex hielt jede Art von Leibesertüchtigung für so wichtig, dass er im Jahre 2004 beim Päpstlichen Rat für die Laien in Rom eine Abteilung für Kirche und Sport einrichtete und damit zum Ausdruck brachte, dass sich die Kirche verstärkt dem Sport öffnen solle. Er war der Meinung, dass Sport die Schwachen fördere und einen gesunden Kampfgeist wecke. Und dass die Integration aller Menschen beim Sport wesentlich zum Aufbau einer brüderlichen und solidarischen Welt beitragen würde.

◊

Der Papst in Badehose am Rande seines Swimmingpools... Als diese Bilder um die Welt gingen sorgte das für einige Aufregung. Die Italiener, die den polnischen Papst längst in ihre Herzen geschlossen hatten, zeigten sich über die Fotos eher amüsiert. Besonders, als bekannt wurde, wie Johannes Paul II. für den Bau des neuen Pools in Castel Gandolfo geworben hatte: „Der Papst braucht Bewegung. Ein neues Konklave wird viel mehr kosten." Mit dieser Argumentation hatte er die `Controler´ im Vatikan überzeugen können.

Das Pontifikat

„Fürchtet euch nicht!", rief der Johannes Paul II. in seinem ersten Gottesdienst am 22. Oktober 1978 den Gläubigen auf dem Petersplatz zu: „Öffnet, nein reißt die Türen auf für Christus." Es sollte das Motto seines gesamten Pontifikates werden.

◊

Johannes Paul II. war der erste nicht-italienische Papst seit Hadrian VI. (1459-1523) sowie der erste slawische Papst der Kirchengeschichte. Bei seiner Wahl war er mit 58 Jahren der jüngste Papst seit Pius IX. (1792 - 1878). Zudem zeigte er sich in außerordentlich guter körperlicher Verfassung, denn er trieb noch regelmäßig Sport.

◊

Nach seinem Amtsantritt sorgte er für einige Überraschungen: So schaffte er das steife höfische Protokoll ab, denn er erachtete es als überholt. Außerdem nutzte der reisefreudige Pontifex Düsenjets und pflegte ausgiebig Medienkontakte, da er erkannt hatte, wie wichtig die Medien für die Verbreitung seiner Botschaften waren. Auf diese Weise wurde er zum „Telepontifex" und „Global Prayer".

◊

Als erster Papst nahm sich Johannes Paul II. einen eigenen Pressesprecher: den Spanier

Joaquin Navarro-Valls. Der studierte Mediziner und Journalist stellte neue Regeln in Sachen Kommunikationspolitik auf. So gab es improvisierte Kurz-Interviews mit dem Heiligen Vater im Vatikan und Board-Interviews im Flieger des Papstes. Das war sehr fortschrittlich, wenn man bedenkt, dass niemals zuvor die Presse dem Papst direkte Fragen hatte stellen dürfen.

◊

Und der polnische Papst sorgte für Superlative: Am 15. Januar 1995 hielt er in Manila den größten Gottesdienst in der Geschichte der römisch-katholischen Kirche. Vier Millionen Menschen nahmen teil – beteten, sangen, empfingen den Segen.
Es war die bisher größte bekannte Versammlung in der Geschichte der Menschheit.

◊

Der Besuch seines Heimatlandes Polen 1979 war der erste Besuch eines Papstes in einem kommunistischen Staat überhaupt.

◊

Bald nach seinem Amtsantritt sprach der Heilige Vater vom Fenster seines Arbeitszimmers aus das traditionelle „Angelus"-Gebet und hielt anschließend noch eine Rede. Es war Mittagszeit und er merkte, dass die Menschen auf dem Petersplatz schon etwas unruhig wurden. Nach zehn Minuten unterbrach er sich und meinte: „Ich denke, nun ist es Zeit für das Mittagessen. Für Euch, aber ebenso für den Papst."

◊

Als sehr junger Mensch hatte Johannes Paul II. seine Mutter verloren – die Marienverehrung war ihm daher lebenslang besonderes wichtig. Vor allem seine Rettung nach dem Attentat am 13. Mai 1981 schrieb er der Gottesmutter zu, denn ebenfalls an einem 13. Mai hatte sich in Fatima die erste Marienerscheinung ereignet. Der Pontifex bedankte sich mit einer Wallfahrt nach Portugal und brachte der Madonna von Fatima als Geschenk das inzwischen vergoldete Geschoss dar, das ihm aus dem Bauch herausoperiert worden war. Die Kugel findet sich noch heute in der Krone der Gottesmutter.

◊

„Als ich auf dem Petersplatz zusammenbrach, hatte ich die Vorahnung, dass ich gerettet würde", hat der Papst einmal gesagt. Es gibt Anzeichen, die diesen Eindruck unterstreichen: Etwa, dass die beiden ersten Kugeln – gerichtet auf den Kopf des Papstes – ihr Ziel verfehlten. Obgleich Attentäter Ali Agca aus nächster Nähe schoss. Der dritte Schuss traf in den Bauch von Johannes Paul II.,

doch das Geschoss nahm einen seltsamen Lauf:
Um Haaresbreite streifte es die lebenswichtigen
Organe und beschrieb eine seltsame Kurve.
Chirurg Francesco Cruscitti meinte dazu, es
komme ihm so vor, als habe eine Macht,
eine unsichtbare Hand die Kugel aufgehalten
und umgelenkt.

◊

Manch einer mag heutzutage noch die Vorstellung
haben, dass die Päpste in prunkvollen Gemächern
leben, in goldenen Himmelbetten mit
Brokatüberzügen schlafen und Nachtgewänder
aus Seide tragen... So war es vielleicht einmal –
doch im 21. Jahrhundert nimmt sich das Leben im
Vatikan viel spartanischer aus. Der jetzige Papst,
Benedikt XVI., residiert bescheiden in Möbeln, die
er seit Jahrzehnten besitzt. Und schon Papst
Johannes Paul II. zog es vor, sein Schlafzimmer
im Inneren des Vatikans mit seinem eigenen,
schlichten Mobiliar aus seiner Heimatstadt Krakau
auszustatten. Wie ein einfacher Landpfarrer legte
sich der Heilige Vater in einem harten Holzbett zur
Ruhe und deckte sich mit einer dünnen
Steppdecke zu. Neben seinem Bett standen ein
Stuhl und ein Schreibtisch. Darauf ein Wecker,
denn der Papst pflegte um halb sechs Uhr
aufzustehen. Mehr brauchte es zum täglichen
Leben nicht.

◊

Vom ersten Tag an arbeitete Johannes Paul II. sieben Tage die Woche mindestens elf Stunden lang. Selten schaltete er das Licht vor 23 Uhr aus. Seine Ferien dauerten nie länger als neun Tage. Gerne hätte er mehr Zeit für Sport gehabt oder für Gespräche mit Freunden. Doch es gab einfach zu viel zu tun. Als er einmal gefragt wurde: „Heiliger Vater, wann ruhen Sie denn mal aus?", soll er geantwortet haben: „Ich werde eine Ewigkeit Zeit haben um auszuruhen."

◊

Noch nach seiner Wahl zum Papst setzte Karol Wojtyla seine Gewohnheit fort, nachts inkognito durch die Straßen zu spazieren. Das heißt, er glaubte unerkannt zu bleiben, während die Römer natürlich genau wussten, wer da an ihnen vorbei lief. Allein ihr Respekt verbot es ihnen, den Heiligen Vater wie einen der ihren anzusprechen.

◊

Auch durch den Vatikan pflegte er Spaziergänge zu machen. Manchmal zum Entsetzen der vatikanischen Mitarbeiter, die auf Stippvisiten des Papstes überhaupt nicht vorbereitet waren. Dabei wollte der Heilige Vater sie in keiner Weise kontrollieren, vielmehr ein „Pläuschchen" halten in gelockerter Atmosphäre...
Am liebsten schlenderte er an den Rosenbüschen vorbei durch den üppigen Garten der heiligen

Stadt, genoss vom Hubschrauberlandeplatz aus den herrlichen Blick auf Rom, und schaute kurz im Gästehaus des Vatikans vorbei. Bei dieser Gelegenheit traf er zuweilen auf ausländische Bischöfe, welche die Gärten gerne zum Joggen nutzten. Als Johannes Paul II. merkte, dass es den schweißüberströmten und kurzatmigen Bischöfen unangenehm war, bei ihrer sportlichen Tätigkeit „erwischt" zu werden, ermunterte er sie umso mehr, sich fit zu halten. Denn Sport sei doch eine wichtige Sache.

◊

Jene, die dem Papst nicht auf seinen geruhsamen Spaziergängen begegneten, kannten ihn gemeinhin nur als „Eiligen Vater" – der in einer eskortierten Limousine und mit Sirenengeheul zum Flughafen oder nach Castelgandolfo brauste. Auf diesen Fahrten galten rote Ampeln nichts und manch ein Fußgänger musste sich vor der heranrasenden Wagenkolonne mit einem Hechtsprung auf den Bürgersteig retten. Doch niemals gab es Beschwerden deswegen. Im Gegenteil: Die Römer waren stolz, dass ihr Oberhirte ein solches Tempo vorlegte.

◊

Als eine seiner ganz großen Aufgaben sah er die Aussöhnung der großen Weltreligionen an – vor allem Christen und Juden sollten, nach seiner Meinung, wieder den Weg zueinander finden.

Johannes Paul II. war der erste Papst in der Geschichte, der eine Synagoge besuchte - am 13. April 1986 in Rom, wo er mit Oberrabbiner Elio Toaff zusammentraf. Am 30. Dezember 1993 nahmen der Vatikan und Israel erstmals diplomatische Beziehungen zueinander auf und am 23. März 2000 besuchte Johannes Paul II. in Jerusalem die Holocaust-Gedenkstätte Yad Vaschem.

◊

Sein Einsatz für mehr Verständigung zwischen Juden und Christen mag mit Erfahrungen in seiner Jugend zusammen hängen: Wenn in seiner Heimat in Wadowice Fußball gespielt wurde, teilten sich die Mannschaften in Katholiken und Juden auf. In der jüdischen Mannschaft mangelte es zuweilen an Spielern – so dass Karol Wojtyla dort als Torhüter einsprang. Für ihn war es ganz selbstverständlich auf der „Gegenseite" zu spielen, denn er pflegte auch Freundschaften zu jüdischen Mitschülern und Nachbarskindern. Als Torwart kämpfte er „wie ein Löwe", berichteten seine Mitspieler.

◊

Selbst als Stellvertreter Petri betonte Johannes Paul II., dass er vor allem eins sei: Ein Priester. Im Jahre 1980 äußerte er: „Ich bin seit zwei Jahren Papst, seit zwanzig Jahren Bischof, aber das wichtigste bleibt für mich immer die Tatsache, dass ich Priester bin." Zu Beginn seines Pontifikats geschah es mehrfach, dass der Heilige Vater persönlich im Petersdom den Menschen die Beichte abnahm. Eben in seiner Aufgabe als Priester. Verwirrt verließen die Gläubigen den Beichtstuhl, sie glaubten die Stimme des Papstes vernommen zu haben. Daran glauben, dass er es tatsächlich gewesen sei, konnten sie nicht. Erst sehr viel später gab Johannes Paul II. zu, höchstselbst dort gesessen zu haben. Hinter einem Schild mit der Aufschrift: „Beichten in acht Sprachen".

◊

Das Schreiben von Gedichten, von Theaterstücken war ihm nicht nur in der Jugend ein Bedürfnis, es blieb ein Steckenpferd bis ins hohe Alter. Johannes Paul II. war nach 500 Jahren der erste Papst, der sich auch als Dichter zeigte – nach Pius II. im 15. Jahrhundert. Noch im März 2003 veröffentlichte der Heilige Vater einen Gedichtband mit dem Titel „Römisches Triptychon": Das sind poetische Visionen über die Natur, über die kulturellen Errungenschaften der Menschen, über das Alte und das Neue Testament.

◊

Hartnäckig hält sich das Gerücht, dass Karol Wojtyla von Jugend an ein leidenschaftlicher und sehr guter Schachspieler gewesen sei. Kurz nach seiner Wahl zum Papst erlaubte sich jemand auf seine Kosten einen Scherz, der sich einige Jahre später sogar wiederholte. In einem Fall soll der französische Schriftsteller und Schachautor Fernando Arrabal hinter dem Streich gesteckt haben – aber das konnte nie bewiesen werden. Wenigstens gelangten im Oktober 1978 eine Partie und drei Schachprobleme an die französischen Schachzeitschrift "Europe Echecs" – angeblich aus der Feder des Papstes. Die Redakteure glaubten die Geschichte gerne, denn zum einen war der Papst um einige Ecken mit dem polnischen Schachkomponisten Marian Wrobel verwandt, zum anderen war seine Liebhaberei für das Brettspiel bekannt. Für die Zeitschrift war das Ganze also eine willkommene Sensation. Auch "The Problemist" in England und schließlich die ehrwürdige "Washington Post" glaubten einige Jahre später an die Echtheit ähnlicher Schreiben aus dem Vatikan und druckten in den 80er Jahren Schachprobleme des Papstes ab. Erst der polnische Schach-Historiker Tomasz Lissowski brachte die Wahrheit ans Licht, indem er beim Heiligen Stuhl nachhakte. Er glaubte diesen Stories nämlich nicht. Und bekam auch eine Antwort von Johannes Paul II. – persönlich und handschriftlich auf einer Karte – wo dieser klarstellte, dass er nicht der Urheber der Spiele sei. Der Papst soll die Sache aber mit Humor genommen haben.

◊

Bei einem England-Besuch 1982 kam zum ersten
Mal das gepanzerte „Papamobil" – ein Gelände-
wagen mit aufgesetzter Glaskabine – zum Einsatz.
Das Attentat auf Johannes Paul II. ein Jahr zuvor
hatte diese besondere Sicherheitsvorkehrung not-
wendig gemacht. Bis dahin hatte sich der Heilige
Vater im offenen Wagen durch die Straßen fahren
lassen. Was kaum einer weiß: Es gibt über fünfzig
Papamobile verschiedener Hersteller weltweit.
Und in der Garage des Vatikans finden sich noch-
mal mehrere identische Papamobile. Je älter der
Papst wurde, desto mehr erwies sich dieses Ge-
fährt als das ideale Fortbewegungsmittel: Denn in-
nen bot es Platz für einen bequemen und verstell-
baren Sessel, so dass der Papst auch in späteren
Jahren, als er durch seine Krankheit schon etwas
zusammen gesunken war,
immer gut sichtbar blieb.

Einmal hat es der Papst sogar geschafft, ein Papamobil lahm zu legen. Bei einer Afrika-Visite ließ
Johannes Paul II. die Fenster öffnen, um die Menschen draußen besser sehen und begrüßen zu
können. Er hatte allerdings nicht damit gerechnet,
dass die einströmende heiße Luft die Klimaanlage
überfordern könne. Diese fiel bald aus und auch
der Motor des Wagens machte kurz darauf
schlapp. Der Papst soll die Auto-Panne mit
Fassung getragen haben.

◊

1988 fuhr Papst Johannes Paul II. bei einem Besuch des italienischen Automobilherstellers einen Ferrari, das schnellste "Papamobil" aller Zeiten. Es wurde aber nicht abgestoppt, welche Höchstgeschwindigkeit der Papst bei dieser Testfahrt erreichte.

◊

Anfang der achtziger Jahre kniete der Papst in seiner Privatkapelle und stellte dem lieben Gott die brennende Frage, ob sein Heimatland Polen irgendwann vom Schrecknis des Kommunismus befreit sein würde. Der Herrgott antwortete ihm: „Nicht, solange du Papst bist." Daraufhin fragte Johannes Paul II.: „Wird es denn noch einmal einen polnischen Papst geben?" Daraufhin schallte es vom Himmel: „Nicht, solange ich der Herrgott bin!" Über diesen Witz soll der Papst sehr gelacht haben.

◊

Auf seinen Reisen lief längst nicht immer alles glatt ab. Bei einem Aufenthalt in Mexiko beispielsweise waren einige Widrigkeiten zu beachten und nur aufgrund von juristischen Spitzfindigkeiten konnte der Papst sein Programm durchziehen... Zum besseren Verständnis: Staat und Kirche sind in Mexiko strikt getrennt – das Tragen von Soutanen außerhalb kirchlichen Bodens ist verboten, Messen im Freien zu zelebrieren ebenfalls.

Grundsätzlich dürfen Messen auch nur von Mexikanern abgehalten werden. Was geschah nun beim Besuch des Papstes? Ganz einfach: Die Soutane wurde kurzerhand zum „Tageskleid" erklärt, die Plätze vor den Kirchen zu „Vorhöfen", und der fließend Spanisch parlierende Papst wurde als Mexikaner ausgegeben. Der Papst bemerkte, dass Juristen ja wohl doch zu etwas gut seien.

◊

Wenn Johannes Paul II. seine Heimat besuchte, liebte er es seine alten Freunde zu sich in den erzbischöflichen Palast in Krakau einzuladen. Meist kam eine große Runde zusammen, mit mehr als einem Dutzend Menschen. Alle saßen sie um einen langen Tisch, es gab Spaghetti und gebratenen Fisch, und die Geschichten begannen stets mit „weißt du noch..."? Es waren Abende voller Erinnerungen, man war fröhlich und man war ein bisschen sentimental. Der Heilige Vater war in diesen Stunden wieder bloß „Lolek".

◊

Es hat immer verwundert, wie dieser konservative, ja reaktionäre Papst die Jugend für sich zu gewinnen wusste. Zwar sprach er sich gegen Sex vor der Ehe und gegen Verhütungsmittel aus, aber wo er auftrat, schalte ihm aus Millionen Kehlen ein „J-P two, we love you!" entgegen. Die Jugend

feierte ihren „Pope-Star" – Johannes Paul II. war zuletzt bekannter als die Rolling Stones.
Sein Geheimnis war wohl sein Charisma und seine Authentizität – er verdrehte sich nicht, war immer er selbst und er lebte kompromisslos, was er verkündete.
1985 hatte er den „Weltjugendtag" ins Leben gerufen, der seitdem im Zwei-Jahres-Rhythmus an wechselnden Orten stattfand. Er wollte damit das „Christsein" bei den Jugendlichen fördern und ihr Zugehörigkeitsgefühl zur Weltkirche untermauern.
"Die Kirche hat der Jugend viel zu sagen, und die Jugend hat der Kirche viel zu sagen. Dieser gegenseitige Dialog muss offenherzig, klar und mutig sein", war sein Credo.

◊

Besonders die Jugend tat sich dann schwer mit dem Abschied von ihm: Im Frühjahr 2005 campierten viele Teenager in Schlafsäcken unter den Fenstern des Sterbezimmers auf dem Petersplatz – die letzte Wache.

◊

Im September 1997 wohnte der Papst einem Konzert von Bob Dylan bei. Er soll sich vorab zwei Songs von dem Musiker gewünscht haben: „Knockin' on Heaven's door" und „Forever young".

◊

Der Papst mischte sich auch politisch ein – so sprach sich Johannes Paul II. vehement gegen die Kriegspläne Amerikas gegen den Irak aus. Das führte in Italien zu einer Friedensbewegung der besonderen Art...

Es ging von einem Kloster des Saverianer-Ordens in Brescia aus, wo die Patres bunte Fahnen mit der Aufschrift „Pace" nach draußen vor die Fenster hingen. Mit dieser Aktion wollten sie den Papst und seinen Protest gegen den Krieg unterstützen. Den Bürgern von Brescia gefiel das, sie taten es den Mönchen gleich und befestigten die Fahnen an ihren Balkonen. Die Nachbarorte von Brescia folgten – ebenfalls mit „Pace"-Fahnen an den Häusern. Zwischenzeitlich hatten die Patres begonnen Tausende dieser regebogenfarbenen Fahnen mit einem Bild des Papstes zu drucken und zu verteilen. Mit dem Ergebnis, dass sie an mehr als zwei Millionen italienischen Häusern wehten, die damit ihren Willen zu Frieden demonstrierten.

◊

Er wusste die Medien zu nutzen – und wurde durch sie regelrecht zum „Fernseh-Star". Als der Papst bei einem offiziellen Termin an die Absperrgitter heran ging und die jubelnden Menschen dahinter zum Teil persönlich begrüßte, ergriff ein kleiner Junge seine Hand und fragte:

„Bist du nicht der aus dem Fernsehen?" Der Papst
musste lächeln und antwortete:
„Ja, genau der bin ich!"

◊

Im Dezember 1994 kürte ihn das US-Magazin
Time zum „Mann des Jahres". Die Begründung
war: Johannes Paul II. setze sich in besonderer
Weise für Werte ein.

◊

Der Heilige Vater machte auch „starke Jungs"
schwach. Brasiliens Fußballstar Ronaldo gestand
in einem Interview, dass der größte Moment in
seinem Leben gewesen sei, als er dem Papst
begegnete. Es habe ihn von oben bis unten eine
Gänsehaut überlaufen.

◊

Nachdem der Papst Mitte der 90er Jahre nach
einem Oberschenkelhalsbruch Wochen um
Wochen in der Gemelli-Klinik verbracht hatte, ging
er irgendwann ans Fenster, unter dem immer
einige Gläubige versammelt waren, und rief: „Ich
danke euch herzlich und wünsche, dass ihr nicht
mehr hierher kommen müsst. Die Ärzte und
Krankenschwestern haben versprochen, dass sie
in den Vatikan umziehen!"

In seinen letzten Lebensjahren – nach zahlreichen Operationen und stark gezeichnet von der Parkinsonschen Krankheit – war das Leiden ein Teil seiner Botschaft geworden. Den Menschen wollte er sein Leiden zumuten, sie sollten es ruhig sehen, so wie sie einst auch das Leiden Christi mit angesehen hatten. Johannes Paul II. war der Ansicht, dass das schmerzverzerrte Gesicht dem Menschen nichts von seiner inneren Würde nehmen könne. Auch wenn er nach außen hin einen kläglichen Eindruck mache. Diejenigen, die ihm aufgrund seiner körperlichen Angeschlagenheit und Schwäche einen Rücktritt nahe legten, fragte er: "Sah Christus am Kreuz gefoltert, bespuckt und blutüberströmt, etwa majestätisch aus?"

◊

Während seiner über 25jährigen Amtszeit hat Papst Johannes Paul II. 1.338 Selig- und 482 Heiligsprechungen vorgenommen. Die Zahl aller von seinen Vorgängern in den letzten 400 Jahren insgesamt heiliggesprochenen Personen ist nur etwa halb so hoch.
Im Unterschied zu seinen Vorgängern und zu seinem Nachfolger Benedikt XVI. nahm Johannes Paul II. auch Seligsprechungen persönlich vor, statt sie dem Präfekten der Kongregation für die Selig- und Heiligsprechungen zu übertragen.

◊

Er verfasste 14 Enzykliken sowie 38 apostolische Briefe und hielt mehr als 3000 Reden. Sorgen ob seiner unermüdlichen Aktivitäten wischte der Heilige Vater stets nonchalant beiseite: „Es ist die Vorsehung, die uns führt, und manchmal legt sie uns nahe, eine Sache per excessum zu tun", begründete er seine Rastlosigkeit.

Sein Tod und Wirken auf die Nachwelt

Kurz vor seinem Ableben am 2. April 2005 um 21:37 Uhr (MESZ) hatte Johannes Paul II. nacheinander seine engsten Mitarbeiter in seinen Privaträumen im Vatikan empfangen. Schriftlich verabschiedete er sich von ihnen mit den Worten: „Ich bin froh, seid Ihr es auch!".

◊

Am Nachmittag desselben Tages hatte er noch einmal gesprochen. In seiner Landessprache – auf polnisch – hatte er zu den Umstehenden gesagt:„ Lasst mich zum Haus des Vaters gehen!".

◊

Die Trauerfeier am 8. April 2005 gehört zu den größten der Welt-Geschichte: Rund dreihunderttausend Pilger und zweihundert Staatsgäste gaben dem Pontifex die letzte Ehre auf dem Petersplatz in Rom. Mehr als eine Million Menschen verfolgten rund um den Vatikan und Milliarden an den Fernsehschirmen die Totenmesse.

◊

Dem Dreifachsarg aus Zypressen-, Nussbaumholz und Zink wurde neben einer Rolle mit den Lebensdaten von Johannes Paul II. – abgefasst in lateinischer Sprache – ein Säckchen mit Bronze-

und Silbermünzen beigegeben. Sie stammten allesamt aus der Zeit seines Pontifikats. Zu Lebzeiten hatte der Heilige Vater verfügt, dass er in einem schlichten Holz-Sarg und nicht in einem Marmorsarkophag bestattet werden wolle. Auch die Worte, die an ihn erinnern, nehmen sich äußerst schlicht aus: "Joannes Paulus II 1920 - 2005" steht auf einer weißen Marmorplatte.

◊

Die Beisetzung in einem Erdgrab nahe dem Apostel Petrus war der Letzte Wille des Papstes. An der Wand der Grotte wurde das Relief eines unbekannten Meisters aus dem 15. Jahrhundert angebracht. Das Bild zeigt die Muttergottes und zwei Engel.

◊

Sein Heimatland Polen nahm am leidenschaftlichsten Abschied – als auf dem Petersplatz in Rom die Begräbnismesse begann, läuteten in ganz Polen die Kirchenglocken und die Sirenen heulten. Auf den Blonie-Wiesen in Krakau, wo der Papst 2002 seine letzte Messe auf polnischem Boden gehalten hatte, versammelten sich rund eine halbe Million Menschen und gedachten des verstorbenen Papstes.

◊

Zu den wichtigsten Grundgedanken des Pontifikats von Johannes Paul II. zählten: Kampf um den Frieden, Widerstand gegen totalitäre Systeme, Achtung der Menschenrechte, Toleranz zwischen den Welt-Religionen, neue Evangelisierung und die Ermunterung der Jugend für den christlichen Glauben.

◊

Nachdem der alte Golf Joseph Ratzingers bei einer Internet-Auktion im Sommer 2005 die erstaunliche Summe von 190.000 Euro eingebracht hatte, versuchte der Amerikaner Jim Rich sein Glück mit dem noch älteren Fort Escort von Johannes Paul II. Er hatte den Wagen – Baujahr 1975 – für 102.000 Dollar im Jahre 1996 erworben. Rich gab an, er habe er den Fort Escort sogar persönlich vom Papst entgegen genommen: „Ich gab ihm den Scheck, und er gab mir die Schlüssel. Ich habe ihn gefragt, ob ich ein Foto von ihm mit den Schlüsseln machen könnte, und er hat gelacht."
Vom Wiederverkauf versprach sich der US-Geschäftsmann viel – er schätzte, vier bis fünf Millionen Dollar für das Auto zu bekommen. Die Versteigerung beim Auktionshaus Kruse in Las Vegas im Oktober 2005 brachte allerdings „nur" 680.000 Euro ein. Rich zeigte sich darüber enttäuscht – ihm blieb jedoch ein kleiner Trost:

Zum Inventar des Wagens gehörte einst ein Rosenkranz. Den will er auf jeden Fall behalten.

◊

Bereits 2005 entstand der Spielfilm „Pope John Paul II.", eine italienisch-amerikanisch-polnische Co-Produktion unter der Regie von John Kent Harrison. Im Stil einer klassischen Filmbiografie wird das Leben des charismatischen Papstes erzählt, wobei nicht nur verschiedene Stationen seines Weges beleuchtet werden, sondern auch die inneren Konflikte dieses sehr eigenwilligen Mannes. Oscar-Preisträger Jon Voight („Asphalt Cowboy"), Vater von Schauspielerin Angelina Jolie, gab dem Pontifex sein Gesicht und überzeugte in der Hauptrolle.

◊

Halina – seine große Liebe

Schon zwei Tage nach der Wahl Karol Woitylas zum Papst Johannes Paul II. ging die Geschichte um die Welt, er habe eine unglückliche Jugendliebe gehabt. Der damalige Generalsekretär der polnischen Bischofskonferenz, Bronislaw Dambrowski, hatte dazu vage Andeutungen gemacht.

◊

Was wurde da nicht alles spekuliert! Es gab viele Versionen: Wojtyla habe 1944 geheiratet, seine Frau Jadwiga sei jedoch bald gestorben. Er sei mit einem Mädchen verlobt gewesen, das von den deutschen Nazis deportiert wurde. Dann soll es Krystyna Dembowska gewesen sein, eine hochgewachsene, schwarzhaarige Schauspiel-Kollegin aus einem Untergrund-Theater. Schließlich Danuta Michalowska, eine Direktorin der Krakauer Theater-Akademie.
Nichts davon stimmte.

◊

Italienische Reporter haben aber nach langer Recherche die wahre Jugendliebe Woitylas ausfindig gemacht: Halina Kwiatkowska, eine renommierte Schauspielerin. Bereits 1979 haben die Journalisten darüber ein Buch geschrieben und berichteten von gemeinsamen Spaziergängen von Karol und Halina, Hand in Hand, am Ufer der

Skawa, einem Nebenfluß der Weichsel. Halina Kwiatkowska war empört über die anschließenden Berichte der Weltpresse. Sie fühlte ihre Intimsphäre verletzt, obwohl durch die Wahl Wojtylas zum Papst auch sie zu einer Person des öffentlichen Interesses geworden war.

◊

Am Todestag Johannes Pauls II. war Halina Kwiatkowska in einem Sanatorium am Rande von Warschau. Schon ein Spaziergang durch die Altstadt sorgte an jenem Tag für Gänsehaut: Aus den überfüllten Kirchen drang das Gemurmel der Gebete auf die offene Straße, Glocken läuteten. Überall Menschen mit Tränen in den Augen. Aber dann erst! Das Sanatorium... Sie in einem kleinen Zimmer. Ein karger Raum – ein Bett, ein Sessel, Schreibtisch, Klavier. Die schweren Vorhänge am Fenster ließen nur einen kleinen Spalt Licht ins Zimmer. Da saß sie und blickte mit gefalteten Händen durch die Gardinen in den Himmel. Halina Kwiatkowska, damals 83 Jahre alt.

◊

„Entschuldigen Sie", murmelte sie. „Mir geht es nicht gut." Der Reporter, der sie besuchte, sagte: „Ich kann mit Ihnen fühlen."
Als die Nachricht um die Welt ging, der Papst liege im Sterben, brach sie zusammen und begab sich

ins Sanatorium. Sie wollte nur noch ihre Ruhe.
Nicht mehr fernsehen, kein Radio hören. Denn die
Nachrichten aus Rom konnte sie nicht mehr
ertragen. Leise sagte sie: „Sie müssen verstehen,
der Papst und ich kennen uns seit 71 Jahren." Und
sie ließ ihr Leben Revue passieren.
Die 30er Jahre des vergangenen Jahrhunderts in
Wadowice bei Krakau: Halina Kwiatkowska, die
hübsche und sehr lebendige Tochter des Direktors
vom Knaben-Gymnasium, lebt mit ihren Eltern in
der Dienstwohnung im Schulgebäude. Sie ist
zwölf. Aus dem Küchenfenster blickt sie auf den
Schulhof, wo die Jungs Fußball kicken. Er steht im
Tor – groß, flink, breitschultrig, gutaussehend,
durchtrainiert, mit schulterlangem Haar. Karol
Wojtyla, damals 13.

„Wir nannten ihn Lolek", erzählte Halina
Kwiatkowska. „Er war fröhlich, sehr kollegial. Völlig
anders als seine Kameraden. Er verschlang
schwierige philosophischen Bücher. Seine Augen
sprühten Blitze."

◊

Sie begegnen sich zum erstem Mal im
Schultheater. Er nennt sie Krolik („Häschen"),
abgeleitet von ihrem Mädchennamen Krolikiewicz.
Halina spielt Sophokles' Antigone, Lolek ihren
Geliebten Haimon. Es knistert zwischen den
beiden. Sie sind begeistert, spielen nur noch

Liebespaare. Er drückt ihr erste zarte Küsse auf die Wange, was schon sehr viel bedeutet in dieser züchtigen Zeit.

◊

Dieser erste gemeinsame Auftritt muss großen Eindruck bei Karol Wojtyla hinterlassen haben. Denn als er 1999 als Papst seine Heimatstadt Wadowice besucht, zitiert er auf dem Marktplatz vor Tausenden Menschen einen langen Monolog aus dem Sophokles-Stück - und das fehlerfrei! „Das hat mich sehr berührt", gestand Halina ihrem Besucher im Sanatorium.

◊

Die Proben des Schultheaters leiten Polonistik-Lehrer, die Aufführungen finden in der Turnhalle statt. „Häschen" Halina und Lolek reisen gemeinsam nach Krakau, schauen sich dort jedes Theaterstück an. Sie lesen und diskutieren jede Rezension in den Zeitungen. Sie lernen den polnischen Nationaltanz Mazurka.

◊

Als einmal ihr strenger Vater, der Schuldirektor, einem Mitspieler den Auftritt wegen schlechter schulischer Leistung verbietet, springt Karol für ihn ein und spielt gleich zwei Rollen. Sonst wäre die Premiere geplatzt.

◊

Halina erinnerte sich ferner: „Beim Umkleiden mitten im Stück fehlte plötztlich eine Krone. Lolek suchte wie wild hinter der Kulisse. Er hat sie schließlich gefunden und das Stück konnte mit erheblicher Verzögerung weiter gehen."

◊

Einmal kommt nach Wadowice eine berühmte Rezitatorin. Halina und Lolek lauschen mit gespitzten Ohren ihren Gedichten. Halina: „Danach gingen wir zu ihr hinter die Kulisse und baten sie, sie möge Jurorin in unserem schulinteren Rezitier-Wettbewerb werden. Sie hat sofort zugestimmt."

◊

Der ehrgeizige Karol Wojtyla will unbedingt gewinnen. Doch da macht ihm Halina einen Strich durch die Rechnung, denn sie bekommt den ersten Preis. Karol hat das nie vergessen. Halina: „Auf unseren späteren Abi-Feiern hat mir Johannes Paul II. immer wieder mit dem Zeigefinger gedroht und gelächelt: Du hast mich besiegt."

Die Verbindung zwischen Halina und Lolek bleibt auch nach Schulabschluss eng. Sie planen eine gemeinsame Zukunft. Sie schreiben sich zusammen an der Uni ein, Fach Polonistik. Sie studieren mit Kollegen, von denen viele später einen großen Ruf in der Wissenschaft haben werden. Halina: „Aber der größte war Karol. Er verfasste herrliche Poesien, Dramen. Er vergaß, seine Haare zu pflegen.
Sein Kopf – das reinste Gewusel."

◊

Sie veranstalten mit Freunden Gedichte-Lesungen. Große Plakate kündigen die Events in ganz Krakau an. Sie verdienen etwas Geld damit, es ist aber nur wenig. Danach gehts in die Kneipe – doch ohne Karol. Halina: „Ihm war die Zeit zu schade. Er ging lieber auf sein Zimmer und lernte Sprachen, las philosophische Bücher."

◊

Dann bricht der Zweite Weltkrieg aus. Wadowice wird geteilt. Die eine Hälfte wird ans Deutsche Reich angeschlossen, die andere zum deutschen Verwaltungsgebiet erklärt. Die grüne Grenze ist der Fluß Skawa. Halina wohnt jetzt in Deutschland, Karol aber inzwischen in Krakau, im Verwaltungsgebiet. Sie muss jedesmal die Grenze überschreiten, um ihn zu sehen. „Immer, wenn

sich Gelegenheit bot, bin ich rüber gefahren",
sagte sie. „Die bewaffneten Grenzsoldaten, die auf
der Brücke standen, habe ich stets gemieden.
Manchmal ging ich über den zugefrorenen Fluß."

◊

Halina schmuggelt Briefe - Karols Post an seine
Freunde und zurück. „In diesen Schreiben ging es
schon um den Aufbau einer Theaterszene nach
dem Krieg", schwärmte Halina über Karols mutige
Pläne.

◊

1941 zieht Halina nach Krakau, weil sie den
Zustand nicht mehr aushält. Sie kommt bei
Verwandten unter. Sie verdient ein wenig Geld als
Lehrerin in geheimen Schulen. Mit Karol und
Freunden gründet sie das Rapsodie-Theater, eine
Untergrund-Bühne.

◊

Die Bühne ist einfach – ein Teppich vor einer
dunklen Wand, auf ihr eine Totenmaske, daneben
ein Piano. Sieben Stücke führen sie so auf.

„Ja, was hätte daraus nicht werden können…",
meinte Halina Jahrzehnte später, als sie die Bilanz
ihres Lebens zieht.

Doch dann kommt Wojtyla immer seltener zu den Proben. Und eines Tages sagt er nur: „Halina, ich werde Priester." Halina ist sprachlos, weint, in ihr bricht eine Welt zusammen. Ihre Hoffnung auf eine gemeinsame Zukunft – zerbrochen.

Ein Freund redet noch eine ganze Nacht auf Lolek ein, will ihn umstimmen. Aber es ist nichts zu machen. Halina: „Um aber die Theatergruppe nicht zu zerstören, trat er noch in allen unseren Premieren auf."

◊

Halina geht ihren eigenen Weg, heiratet 1945 den Bühnenbildner Tadeusz Kwiatkowski. Der Kontakt zu Wojtyla bricht dennoch nicht ab. Bei der Hochzeitsmesse ist Lolek der Ministrant, weil er noch keine Priesterweihe empfangen hat. Seine erste Heilige Messe zelebriert Wojtyla ein Jahr später am 2. November 1946. Dieser kann Halina nicht beiwohnen, weil sie gerade ihr Töchterchen Monika geboren hat. Die spätere Taufe übernimmt Wojtyla gerne. Halina erinnerte sich daran besonders: „Der junge Kaplan war nervös vor Lampenfieber. Schließlich war es seine allererste Taufe und Monika schrie sehr laut."

◊

Halina und Lolek machen beide große Karrieren. Halina wird Bühnenstar, Lolek erklimmt die Spitze der polnischen Kurie, wird Bischof von Krakau. Und selbst da vergessen sie einander nicht. Er schickt ihr Rosensträuße ohne Begleitkarte in die Garderobe. Und sie besucht Seine Exzellenz oft in seiner Residenz. Auch dann noch, als Wojtyla 1967 Kardinal wird. „Muss ich Sie jetzt Eminenz nennen?", fragt sie zögerlich. Wojtylas Antwort: „Halina, hör auf zu schauspielern. Wir sind doch nicht auf der Bühne."

◊

Als 1970 Halinas Vater stirbt, der frühere Schulleiter und Lateinlehrer aus Wadowice, lädt Wojtyla ihre ganze Familie zu einer Trauermesse in seine private Kapelle ein.
Die Nachricht, dass Lolek zum Papst gewählt worden ist, erreicht sie in der Küche beim Geschirrspülen. Der Gemeindepfarrer ruft sie an, teilt es ihr am Telefon mit. Halina: „Ich muss gestehen, ich war glücklich, überrascht hat es mich nicht."

◊

Im Jahre 1979 fährt sie nach Rom in der Hoffnung, ihn wenigstens von weitem im Vatikan zu sehen. „Ich hatte zehn Tage Zeit... Nach fünf Tagen war es mir noch immer nicht gelungen", erinnerte sich

Halina an ihre Reise. Schließlich erhält sie einen Platz für die Generalaudienz auf dem Petersplatz – doch ganz weit hinten. Und dann kommt er angefahren in seinem Papamobil. Halina stellt sich spontan auf den Stuhl, winkt und ruft laut „Wadowice!" Ihre Stimme ist nicht zu überhören. Halina: „Der Heilige Vater hat mich angeguckt und gab mir mit dem Kopf ein Zeichen, dass er mich erkannt hat." Und schon am Abend erhält sie in ihrem Hotel die Nachricht, sie möge sich am nächsten Morgen in der päpstlichen Sommerresidenz Castell Gandolfo einfinden, zu einer extra für polnische Gäste anberaumten Messe des Papstes.

◊

Als sie dort ankommt, warten vor dem Tor schon die Landsleute in Massen auf Einlass, Halina ist wieder ganz weit hinten. Nach der Messe gibt es Fototermine des Papstes mit zahlreichen Gruppen. Halina resigniert, ist schon auf dem Rückweg zum Reisebus, als plötzlich ein schwerer Mercedes neben ihr stoppt. „Steigen Sie ein, ich bringe Sie zum Heiligen Vater. Er will mit Ihnen frühstücken", sagt der Chauffeur.

„Mir ist fast das Herz stehen geblieben", so Halina Kwiatkowska. „Mir wurden die Knie weich, ich weiß bis heute nicht, wie ich ihn damals begrüßte. Lolek? Heiliger Vater? Wir saßen am Tisch. Nur er und ich. Ich bekam keinen Bissen runter. Immer wieder fragte ich ihn: Muss ich jetzt gehen? Er lächelte, berührte meine Hand und sagte: Beruhige dich, Halinka Antigone…"

◊

Von nun an sehen sie sich regelmäßig. Wenn der Papst seine Heimat besucht, trifft er sich immer wieder mit Halina und ihren Freunden. Aber er kommt auch privat zu Abi-Jahrestreffen nach Krakau, lädt seine Klasse in seine Sommerresidenz. Da wird Johannes Paul II. wieder zum Lolek, scherzt wie einst: „Was macht ihr so?" fragt er. Sie sagen: „Wir sind jetzt alle auf Rente." Da kontert der Papst: „Seht ihr, und ich muss immer noch arbeiten…"

◊

Wütend wird Halina Kwiatkowska, als in den 1980er Jahren die ehemalige Schulfreundin Ginka Beer sich in italienischen Zeitungen als die Ex-Verlobte des Papstes darstellt. Sie zeigt ein Foto, auf dem sie der junge Lolek umarmt. Halina: „Sie hat mich rausgeschnitten und stattdessen sich selbst neben ihn montiert." Ausgerechnet die beliebte Ginka, Nachbarin der Wojtylas in Wadowice, eine Jüdin, die noch vor Kriegsausbruch nach Isreal umsiedelte. Als Halina sie später in Haifa zur Rede stellt, entschuldigt

75

sich Ginka bei ihr. „Wir haben uns wieder versöhnt", fügte Halina an.

◊

Das 60. Abi-Jubiläum wird 1998 in Castell Gandolfo gefeiert. Gleich über mehrere Tage. Die noch 14 übriggebliebenen Schulfreunde des Papstes übernachten in einem Gästehaus direkt an der Residenz, haben Zugang durch einen Hintereingang über den wunderschönen mediterranen Garten. Während der abendlichen Dinner wünscht sich der Papst, dass Halina aus den gemeinsamen Theaterstücken zitiert. „Ich glaube, er war der beste Zuhörer meiner Verse, den ich im Leben hatte", sagte sie.

◊

Das letzte Treffen findet im August 2002 in Krakau statt. Im Festsaal des Bischofs warten sie mit Freude auf die Ankunft ihres großen Kollegen, der sich in seinem Papamobil durch die jubelnden Massen auf der Straße kämpft. Johannes Paul II. setzt sich auf den Ehrenplatz, neben ihm Halina. Sie fragt ihn: „Wie geht es dir nach so einem schweren Tag, lebst du noch?" Und Lolek antwortet: „Das ist eine sehr gute Frage."

◊

Halina merkt, dass es mit dem Papst gesundheitlich bergab geht. Er ißt sehr wenig, trinkt keinen Wein mehr. Dabei sind seine Lieblingsspeisen aufgetischt – Eier mit Kaviar, Räucherlachs, Makrelen, zum Nachtisch verschiedene Cremetorten, die er als Kind so gern naschte.

◊

Halina und Lolek sehen sich seitdem nie wieder. „Ja, was hätte das nicht werden können?", fragte sich Halina unter Tränen, als Lolek ihr erklärte, er werde Priester.

Und was ist es tatsächlich geworden? Ihre Beziehung war zweifellos mehr als nur eine flüchtige Romanze, obwohl beide unabhängig von einander sexuelle Kontakte dementierten. Johannes Paul II. sagte dazu viel später rückblickend: „Wenn man die menschliche Liebe liebt, so entsteht auch das lebendige Bedürfnis, alle Kräfte zugunsten der ‚schönen Liebe' einzusetzen. Denn die Liebe ist schön." Halina und Lolek liebten die reine Liebe. Eine ganz große Liebe. Weit über den Tod hinaus. Mehr geht nicht.

Die Heiligsprechung

Als Papst Johannes Paul II. 2005 starb, hallten die Rufe „Santo subito!" („Heilig, sofort!") über den Petersplatz in Rom. Und in der Tat: Der polnische Papst Karol Wojtyla ist die am schnellsten heilig gesprochene Person der Kirchengeschichte. Der Prozess der Heiligsprechung dauert normalerweise Jahrzehnte, manchmal Jahrhunderte. Karol Wojtyla aus Wadowice bei Krakau ist dagegen schon seit dem 27. April 2014 ein Heiliger und damit neun Jahre nach seinem Tod.

◊

Was heißt das?
Der heilige Karl, wie Karol auf Deutsch heißt, darf angebetet werden. Das bedeutet jedoch nicht, dass er in den Himmel versetzt ist und neben Gott sitzt. Denn wer neben ihm sitzt, entscheidet immer nur Gott selbst und nicht die Kurie. Der Papst bekundet mit einer Heiligsprechung lediglich, dass der betreffende Mensch die „Vollendung bei Gott" bereits erreicht hat. Dies hat eine liturgische Bedeutung: Von nun an darf nicht nur für Johannes Paul II. gebetet werden, sondern mit ihm und um seine Fürsprache bei Gott. Und zwar weltweit.

◊

Wojtyla ist der inzwischen sechste Heilige mit dem Namen Karl. Der erste heilig gesprochene Karl war der erste deutsche Kaiser Karl der Große (747-814). Der letzte war Karl Lwanga (1865-1886), ein ugandischer Märtyrer, der für den Glauben auf dem Scheiterhaufen starb.

◊

Warum ist Karol Wojtyla ein Heiliger?
Als Johannes Paul II. hat er sich 27 Jahre lang in den höchsten Dienst der katholischen Kirche gestellt. Es war nach Papst Pius IX. (1846-1878) das zweitlängste Pontifikat der Kirchengeschichte. Seine Lebensweise und sein Wirken dienen als theologisches und lebenspraktisches Vorbild für die Gläubigen. Er gilt quasi als menschlicher Beweis, dass es Gott gibt. Er folgte den Spuren des Herrn und hat das Ziel seines Lebens in der Herrlichkeit des ewigen Lebens erreicht.

◊

Seine Heiligsprechung war ein langwieriger Prozess nach dem strengen Kirchenrecht. Man nennt das Kanonisierung. Die Diözese von Krakau hat den Heiligen Stuhl zunächst gebeten, das Seligsprechungs-Verfahren zu eröffnen. Ein so genannter Postulator (Forderer) hat die Leitung übernommen, prüfte zunächst, ob Wojtyla vom Volk verehrt wird, die wichtigste Voraussetzung. Dann wurden seine Biografie durchforstet, Zeugen gehört, Quellen gesammelt und bewertet. Der

Postulator prüfte, ob Wojtyla überdurchschnittlich tugendhaft gelebt hat, was die drei wichtigsten christlichen Tugenden Glaube, Liebe und Hoffnung angeht, aber auch andere Grundtugenden wie Gerechtigkeit, Weisheit, Mut und Mäßigung. Doch das war nur der erste Teil des Verfahrens.

◊

Der schwierigste Teil ist jener mit den Wundern,
die der Heilige vollbracht haben muss.
Denn neben einem tugendhaften Leben muss ein
Kandidat entweder einen Märtyrertod
für den Glauben gestorben sein
oder Wunder bewirkt haben.

Das Wunder wurde mit Hilfe von Medizinern geprüft. Es handelte sich um die spontane Genesung der französischen Ordensschwester Marie Simon-Pierre Mormand von der eigentlich unheilbaren Parkinson-Krankheit. 2001 wurde bei ihr die Krankheit, an der auch Johannes Paul II. litt, diagnostiziert. Betroffen waren ihr linker Arm und ihr linkes Bein. Ihr Zustand verschlimmerte sich nach dem Tod Johannes Pauls II. derart, dass die linkshändige Nonne nicht mehr schreiben konnte. Ihre Mitschwestern begannen Johannes Paul II. tagelang um Fürsprache auf Heilung anzurufen. In der Nacht vom 2. auf den 3. Juli 2005, drei Monate nach dem Tod des Papstes, verschwand bei Marie Simon-Pierre plötzlich die Schüttellähmung. Der

Neurologe, der sie jahrelang behandelt hatte, stellte fest, dass alle Symptome der Krankheit verschwunden waren. Es folgten Untersuchungen von Ärzten, Psychologen sowie Experten des Vatikans, die alle keine Erklärung für die Heilung fanden.

Dann wurde die Kongregation für Selig- und Heiligsprechungsprozesse, ein Gremium von etwa 70 Kardinälen, einberufen. Dieses bewertete die Ergebnisse. Schließlich besiegelte Papst Benedikt XVI. am 1. Mai 2011 die Seligsprechung Wojtylas.

◊

Karol Wojtyla wurde in das Buch der Seligen und Heiligen aufgenommen: Ein Verzeichnis namens „Martyrologium Romanum," das im Vatikan seit Jahrhunderten geführt wird, und in dem inzwischen 7000 Personen aus 2000 Jahren Kirchengeschichte als Selige oder Heilige notiert sind. Der Unterschied zwischen Seligen und Heiligen ist: Selige werden im Gegensatz zu Heiligen nur örtlich begrenzt gefeiert. Wojtyla also nur in den Bistümern von Polen und Rom, wo er wirkte.

Zur Heiligsprechung war es noch ein langer Weg. Der Untersuchungsprozess begann von vorne. Und: Ein zweites Wunder musste vorliegen, und zwar ein Wunder, das sich nach der

Seligsprechung ereignet haben muss. So verlangt es das strenge Kirchenrecht.

◊

Doch zuvor kam der „advocatus diaboli" (Anwalt des Teufels) ins Spiel. Eine Person, die alle Gründe für eine Heiligsprechung bezweifelt und dies in einem Plädoyer vor den Kardinälen begründet. Nach dem Kirchenrecht mussten nun die Fürsprecher der Heiligsprechung, die sogenannten „advocati dei", also die Anwälte Gottes, alle Zweifel widerlegen.

◊

Schließlich kam die entscheidende letzte Prüfung: das zweite Wunder.
Der Hinweis kam aus Costa Rica: Am Tag seiner Seligsprechung soll Johannes Paul II. eine Frau von einer Gehirnverletzung geheilt haben. Die 56-jährige Floribeth Mora Diaz aus Cartago nahe der Hauptstadt San Jose, Mutter von vier Kindern, war am 8. April 2011 mit starken Kopfschmerzen auf die Intensivstation der Calderon-Guardia-Klinik gekommen. Diagnose: Aneurysma, Gefäßerweiterung im Gehirn. Die Ärzte hatten sie aufgegeben, denn medizinisch gab es praktisch nichts mehr zu tun. Nach einigen Tage der Pflege empfahlen Ärzte dem Ehemann, seine Frau nach Hause zu nehmen.

Floribeth Mora Diaz bezeugte: „Ich war verzweifelt. Ich wandte mich inständig an die Fürsprache von Johannes Paul II..." Als die Zeremonie der Seligsprechung am Vormittag des 1. Mai 2011 im Petersdom begann, war es in Costa Rica zwei Uhr nachts. Die von Medikamenten betäubte Floribeth verfolgte die Messe vom Bett aus im Fernsehen. Über dem Fernseher hing an der Wand ein Foto des Papstes, das ihn mit ausgebreiteten Armen zeigte. Sie sagt: „Zu Beginn der Messe wandte ich mich, den Blick auf das Papstbild gerichtet, an ihn. Ich sagte: Trete bei Gott für mich ein, damit ich nicht sterben muss. Und hilf mir, gesund zu werden."

◊

Floribeth blieb die ganze Messe über wach und dann schlief sie schmerzfrei ein. Als sie nach sieben Stunden erwachte, hörte sie eine innere Stimme: „Steh auf, hab keine Angst." Es erinnerte sie an die Rede des Papstes im Stadion von San Jose, als er Puerto Rico besuchte. Damals rief er den Gläubigen zu: „Steht auf! Habt keine Angst!" Floribeth stand auf und hatte keine Angst mehr zu sterben. Sie fühlte sich gesund. Zum Erstaunen ihres Mannes. Seitdem habe sie keine Störungen mehr gespürt. Zwei Kernspin-Untersuchungen im November 2011 und im Mai 2012 hätten gezeigt,

dass das Aneurysma völlig verschwunden und die
Gefäßstruktur wieder normal geworden sei,
so das vatikanische Protokoll.

◊

Die Genesung der Frau aus Costa Rica wurde
zunächst von einer Mediziner-Kommission als
unerklärliche Heilung anerkannt, dann von einer
Theologengruppe und der Kardinalskongregation.
Schließlich bestätigte Papst Franziskus das
Wunder per Dekret. Und der Heiligsprechung
stand nichts mehr im Wege.

◊

Der heilige Karl Wojtyla wird seit seiner
Heiligsprechung vor allem in seiner Heimat Polen
besonders gefeiert. Alle polnischen Karols feiern
am 2. April, dem Todestag Johannes Paul II., ihren
Namenstag. An eben diesem Tag leuchten auch
auf der Jasna Gora, dem „Hellen Berg" bei
Tschenstochau, dem wichtigsten Wallfahrtsort
Polens, Hunderttausende Kerzen.